广西全民阅读书系

广西全民阅读书系

中国地质学家李四光

张晓华 著

李露 钟璐 覃凤娟 绘

小学版

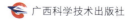
广西出版传媒集团　　广西科学技术出版社

图书在版编目（CIP）数据

中国地质学家李四光 / 张晓华著；李露，钟璐，覃凤娟绘 . —— 南宁：广西
科学技术出版社 , 2025.4. —— ISBN 978 - 7 - 5551 - 2438 - 2

Ⅰ . K826.14-49

中国国家版本馆 CIP 数据核字第 202520 ZJ 79 号

ZHONGGUO DIZHIXUEJIA LI SIGUANG
中国地质学家李四光

总 策 划　利来友

监　　制　黄敏娴　赖铭洪
责任编辑　谢艺文
责任校对　吴书丽
装帧设计　李彦媛　黄妙婕　杨若媛　梁　良
责任印制　陆　弟

出 版 人　岑　刚
出　　版　广西科学技术出版社
　　　　　广西南宁市东葛路 66 号　邮政编码　530023
发行电话　0771 - 5842790
印　　装　广西民族印刷包装集团有限公司
开　　本　710 mm × 1030 mm　1 / 16
印　　张　3.25
字　　数　47 千字
版次印次　2025 年 4 月第 1 版　2025 年 4 月第 1 次印刷
书　　号　ISBN 978 - 7 - 5551 - 2438 - 2
定　　价　19.80 元

如发现印装质量问题，影响阅读，请与出版社发行部门联系调换。

真理，

哪怕只见到一线，

我们也不能让它的光辉变得暗淡。

——李四光

　　1889年10月26日，湖北省黄冈县回龙山镇（今属团风县），秀才李卓侯家新添了一个小男孩，李秀才给他取名"仲揆"，希望他谙通事理，学有所成。小仲揆没有辜负父亲的期望，自幼对万物充满好奇，遇到不懂的地方总要刨根问底。

　　村口有一块孤零零的大石头，大家都习以为常地在石头边上休息。唯独他围着石头追问："它是从哪里来的？为何周围没有别的石头？谁把它搬到这里来的……"小仲揆就是这样，遇到事情总喜欢问个究竟。

"也许是天上掉下来的吧！"小仲揆的启蒙先生陈老师迟疑地回答。

"这是陨石或者天上的星星，掉下来就变成了地上的石头！"父亲是村里最有学问的人，其实他也答不上来，只能照着陈老师的说法继续解释。

可小仲揆并不满足于这些模糊的答案，只能把这个疑问默默记在心里，自己寻找答案。

　　有一次，父亲带小仲揆外出办事。小仲揆第一次见到了在长江上轰鸣而过的蒸汽轮船。他从来没想到船可以这么大："它是用什么做的？为什么它能漂在水面上？为什么它没有桨或橹却能在水上行走？那喷吐着浓烟的'大烟囱'有什么用……"

　　父亲被小仲揆连珠炮似的提问难住了。父亲告诉他，蒸汽轮船是钢铁做的，因为船是空心的所以能浮在水面上，因为使用了蒸汽发动机所以能在水上行走……小仲揆似懂非懂地点点头，他那双盯着蒸汽轮船的眼睛里，已燃起了探索未知的炽热光芒。

　　小仲揆不仅好问，更勤学。他坚持在课堂上完成当天的作业，放学后会帮着母亲做一些家务，晚上则跟哥哥一起挑灯夜读。父母为了保护他们的眼睛，特意在油灯里多加一根灯芯。懂事的小仲揆为了节省灯油，总会在母亲离开房间后将一根灯芯灭掉。

　　有一天晚上，小仲揆读书到很晚，困得直打瞌睡，一不小心，他的头发被油灯的火苗烧焦了一缕。"困了就睡觉吧，明天再接着读书。"母亲心疼地劝他，他摇摇头，坚持要把当天的书背完才去睡觉。

寒来暑往，小仲揆始终勤奋好学，逐渐在同龄人中崭露头角。渐渐地，小仲揆不满足于学堂里的课程知识，他渴望学习更多的新知识。

1902年，仲揆听说武昌开办了新式学堂，那里不仅教授经史子集，还讲授算学、物理和化学，学生不仅不用交学费，还可以领取补贴。他跃跃欲试，恨不得马上到新学堂学习。

　　"如果我去武昌求学，家里少了一个劳动力，父母的负担就会更重。"想到这些，仲揆始终没有向父母亲提及新式学堂的事情。

　　可他的心思哪能瞒得住父母。父亲当时已是当地小学的校长，自然听说了新式学堂的消息。父亲知道仲揆是可造之才，也有求学之心，于是和仲揆母亲商量后决定支持仲揆上新式学堂。得知父母的决定，仲揆知道机会来之不易，他既激动又感恩父母的付出，暗下决心一定要学有所成。

表四被光

　　仲揆告别父母，独自踏上求学之路，到武昌报考湖北第二高等小学堂。填写报名表时，他错将年龄"十四"填在了姓名栏里。他责怪自己粗心大意，又不舍得再花钱买一张报名表。

　　突然，他灵机一动，在"十"字下方加上一撇一捺，又补了一个小小的"子"字。可转念一想，"'李四'这个名字也太俗气了！"正发愁时，他抬头看见厅中悬挂着的匾额上写着"光被四表"四个大字，他眼前一亮，提笔在"四"后面加了一个"光"字。这样，他就有了一个新名字——李四光。

新学堂宽敞明亮，设备齐全，设有勤习所、自习所等，这与他过去读的私塾相比，简直是另一个世界。李四光十分珍惜来之不易的机会，他如饥似渴地学习。因为有扎实的文科基础，又热衷于学习数学、物理和化学等理科知识，李四光的进步很明显，各科成绩在班里均名列前茅。

按规定，成绩名列前茅的学生有获得公费出国留学的机会。

然而，成绩优异的李四光却始终得不到留学名额。"被保送的学生都来自富豪权贵之家，你父亲只是个清贫的教书先生，怎会轮到你？"恩师张先生的话让他恍然大悟。面对这样的不公平，李四光很愤懑，一气之下竟不告而别，打算靠勤工俭学自筹留学费用。但很快，他发现这样行不通，只得回到学校。

因他擅自离校，学校本打算开除他，但张先生为他据理力争："请学校再举行一次考试，如果他能考第一，就送他出国留学。"学校经过考虑，最终同意给李四光一次机会。

  李四光意外得到了一个证明自己的机会，他既满心欢喜又充满自信。不出所料，他拔得头筹，获得了公费出国的名额。1904年夏天，李四光辞别父母和张先生，乘船前往留日学子的集合地——上海。途中，他在长江上见到了比蒸汽轮船更大的船——外国的军舰，它们在中国的水域上横冲直撞，将中国的小渔船逼得东倒西歪。

  国家羸弱，百姓才会受此欺凌！童年时见到蒸汽轮船的欣喜和好奇，此时已化作坚定的信念：求学强国，求知报国。

　　李四光一行到日本后，首先要进入弘文学院学习。这是一所专为中国留学生设立的普通中学，读满三年后才能报考日本的专科学校。为了学到真本领，李四光比以往更加努力地学习，当其他留学生流连当地风光、品尝日本料理时，他始终埋头刻苦学习。

　　1907 年，他以全优的成绩毕业，获得了报考专科学校的资格。他毫不犹豫地选择报考大阪高等工业学校的舶用机关科，学习船舶机械制造。

　　当时，日本高等专科学校对中国留学生实行严格的名额限制。在激烈的竞争中李四光以优异的成绩和扎实的基础，被大阪高等工业学校舶用机关科录取。

　　这所学校的课业繁多，三年内要完成十多个科目的学习，再加上迥异的语言环境和教学方法，李四光的学习压力之大可想而知。但李四光从不叫苦，他废寝忘食地学习，第一学年物理成绩全班第一，第三学年机械加工成绩全班第二、英语成绩全班第四。三年的学习中，李四光各科成绩均稳居全班上游。

　　在日本求学期间，尽管学习任务繁重，李四光仍时刻关心国家的前途和命运。他活跃于留学生会馆，经常参加爱国集会，聆听演讲。他还结识了宋教仁、马君武等爱国志士，受到民主革命思想熏陶的李四光更加坚定科学救国的决心。

　　1905年，李四光参加了中国同盟会成立大会，成为年龄最小的创会会员。更让他终生难忘的是，孙中山先生当面勉励他要"努力向学，蔚为国用"。从此，他把这八个字当作座右铭，一生践行，恪守不渝。

　　然而，清政府得知中国同盟会成立的消息后，竟然委托日本当局限制留日学生参加集会，此举遭到留日学生的强烈反对，部分留日学生还计划罢学回国抗议，后来在孙中山的规劝下才作罢。李四光因此更加认清了清政府的腐朽无能。

　　1910年，李四光学成回国。按清政府规定，公费留学生回国后要到北京参加统一考试，考试合格后必须履行执教五年的义务。李四光以时间仓促为由拒绝了考试，后被派到武汉一所中等工业学校任教。

　　1911 年，清政府再次下令举行归国留学生考试。
这一次，李四光无法推脱，只得赴京应试。尽管他不
愿意为清政府服务，但成绩公布时，他还是被列为"最
优秀"，并被授予"工科进士"。

　　同年 10 月 10 日，武昌起义的隆隆炮声打破了旧
中国的沉寂。李四光听闻后归心似箭，即刻赶回武昌，
并在保卫武昌的战斗中负责后勤工作，组织人力运送
军火，支援前线。

1912 年 1 月 1 日，中华民国正式成立，终结了延续两千多年的封建帝制。此时，除了要消灭封建残余势力、巩固新生政权，还要发展民族实业、振兴国民经济。

李四光所学的知识有了用武之地，他很快被委任为南京临时政府特派汉口建筑筹备委员。鉴于他优异的工作表现，1912 年 2 月，他又被推选为湖北军政府实业部部长，次月实业部改为实业司，李四光也改任司长。这一年，他尚未满 23 岁。

　　当时，面对湖北实业界的动荡局面，李四光殚精竭虑，全力推动一些工厂复工复产，努力稳定经济秩序。不久后，袁世凯窃取了辛亥革命的果实，民国政府内部日益腐败，李四光对此既失望、愤怒，又无可奈何，只好提出辞职。

　　"没有稳定和平的环境，如何发展实业？如何科学救国？国家的前途究竟在何方？"短暂的政治生涯让李四光更加冷静和成熟，他重新审视局势，心想："我正当求学之年，不如继续深造，好好积蓄力量。"

　　1913年7月，心有不甘的李四光登上了客轮，赴英国求学。当初他立志学习造船，结果发现当时的中国根本造不出船，甚至连造船的原料钢铁和铁矿都没有。于是，他决定要走一条新的道路：学习采矿，这是包括造船在内一切机械工业的基础。

　　经过综合比较，李四光决定报考伯明翰大学预科。为了提高英语水平，他总是随身携带英文报纸、书刊，以便随时随地阅读，还经常拉着房东太太练习英语口语；针对薄弱的数学，他主动增加练习……

　　预科学习很快结束，在探讨专业选择时，李四光的决定惊呆了他的好朋友丁燮林："你要改学地质？""不深入研究地质学，就不能进行矿产勘探。找不到矿，何谈采矿？何谈科学救国的梦想？"每每到了人生的岔路口，李四光总会以国家的需要来选择前进的方向。

在伯明翰大学学习期间，李四光遇到了博学的地质学教授鲍尔敦。这位教授在学术界享有盛名，他的教学方法十分独特，经常在课堂上提出一些尖锐深刻的问题，但凡学生课前没有深入预习，都会被他问得哑口无言。因此，很多学生都害怕上他的课，而李四光却非常喜欢这种教学方式，并从中受益良多。鲍尔敦教授十分欣赏李四光勤奋、刻苦的钻研精神。

　　1914年，第一次世界大战爆发。作为主要参战国，英国国内经济受战争影响严重，陷入物资短缺、物价上涨的困境。雪上加霜的是，此时民国政府暂停发放留学生津贴，导致很多留学生被迫放弃学业。

　　"学业未成，誓不东归。"为了维持生计，李四光找了一份挖煤的工作，这样既可以挣钱，又能初步了解英国的矿业，还能实地考察地层构造和地质情况，一举多得。

　　随着学习和实践的深入，李四光逐渐意识到，当时的地质学研究还局限在纯粹的理论描述领域。如果没有从定性到定量的研究过程，地质学的实用价值在哪里呢？于是他系统地自学了物理和高等数学，这对他日后开创地质力学起了巨大作用。

　　1917 年，李四光如期获得学士学位。当同窗们都在计划外出游玩或找工作时，李四光却泡在图书馆查阅关于中国地质的资料，并编绘了一幅中国若干地区地质情况路线踏勘图。鲍尔敦教授对此表示肯定，并鼓励他继续深入研究。

　　当时几乎没有关于近代中国地质的专著，李四光只好从中国古代论著中挖掘星星点点的线索。通过收集整理、分析比较国内外研究成果，他撰写了学术论文《中国之地质》。1919 年 6 月，他以精彩的表现通过答辩，获得了自然科学硕士学位。

　　很快，李四光再次站在人生的十字路口。众多"橄榄枝"伸向李四光：一家外国公司高薪聘请李四光做地质工程师，鲍尔敦教授向他发出攻读博士学位的邀请。这两个选择都能缓解李四光当时生活上的窘迫。

　　恰在此时，他接到了时任北京大学校长蔡元培的邀请，蔡元培请他回北京大学任教。"我是中国人，理所当然地要把所学到的知识，全部献给我亲爱的祖国。"于是，李四光毅然谢绝了鲍尔敦教授的推荐和邀请，于1920年回到了阔别七年的祖国。

　　当时北京大学地质系刚成立不久，师资力量薄弱，设施设备简陋。系址设在一座庙里，院内杂草丛生、一片荒芜。李四光带领大家对院落进行改造，将庙里的大殿改成大讲堂，设置专用实验室，添置实验设备。他还在院落中间建起一座石台，在上面放了一架造型别致的日晷，时刻提醒大家珍惜光阴、积极进取。

　　虽然硬件设施不能与国外的相比，但北京大学处处洋溢着科学与民主的进步气息，李四光认为这才是办好先进教育最重要的前提。他把自己的见识和思考全部融入了教书育人当中。

　　除了讲授理论知识，他还要求学生做研究时要先观察实物标本，而不是先查阅资料。"书本知识只有经过实验证明才能化作牢固的学问"，李四光特别注意培养学生精确观察和独立思考的能力，经常带领学生到野外实地考察各种岩石和地质状况。

27

　　不仅教学方法与众不同，李四光的考试方法同样别出心裁。除了常规考试，他还会给学生发一些岩石样本，要求他们写出样本的名称、矿物成分、与矿产的关系等。如果学生平时不注重观察和野外实践，根本无法正确解答。

　　一开始，学生不适应他的做法，后来慢慢体会到了他的良苦用心，明白只有这样才能将理论知识转化为实践能力。慢慢地，学生对地质学和岩石学的兴趣愈加浓厚，他们在野外地质调查时采集了大量的岩石样本，使学校实验室的标本逐渐丰富起来。

　　李四光十分关心学生的前途。学生杨钟健从地质系毕业后想要出国深造，李四光不仅为他介绍导师，还给他推荐了古脊椎生物专业。后来，杨钟健不负所望，成为著名的古生物学家、中国科学院首批院士。

　　从1920年在北京大学任教开始，李四光为我国人才的培养呕心沥血：中国"恐龙之父"杨钟健、中国第四纪冰川学奠基人之一孙殿卿、石油地质专家康玉柱、地质力学家陈庆宣……这些著名的科学家都师从李四光。

　　教学工作之外，李四光从未懈怠科研事业。有一次野外地质调查时，有一个学生发现了一块外表普通、内里嵌着一条虫子的石头，马上交给李四光。"这种虫子为什么会跑到石头里？""研究这种石头有什么用呢？"学生围着李四光发问。

　　李四光仔细观察后回答："这是生物化石，外国人称这种虫子为纺锤虫。对这些化石进行研究比较，可以辨别不同地层出现的先后顺序，为寻找、开发煤矿资源提供科学依据。"

　　此后，李四光开始了对这种化石的系统研究。每次野外地质调查，他都背着一大堆类似的石头回来。他认为纺锤虫这个名字不够严谨，就根据外形特征将这些虫子命名为"䗴"。他还建立了䗴科鉴定标准，这个标准一直被国际学界广泛采用。

　　经过对大量标本的深入研究，李四光得出一系列重大理论成果，并出版了第一部科学专著《中国北部之䗴科》。这一著作受到国际学界专家学者的高度认可，他因此被伯明翰大学授予自然科学博士学位。

　　如果说蜓科研究让李四光在地质学界初战告捷，那么发现和证明我国曾经历经第四纪冰川则是一场艰辛的持久战。1921 年，李四光带领学生在太行山东麓和大同盆地实习期间，发现了大量疑似冰川遗迹的证据。他激动之余也十分紧张。激动是因为，第四纪冰川研究对于揭示我国地质历史、掌握我国地下矿产资源分布及蕴藏情况意义重大；紧张是因为，外国权威专家一致认为中国不存在第四纪冰川。

李四光没有退却。经过严密论证，他于 1922 年发表了第一篇关于冰川的论文《华北挽近冰川作用的遗迹》。他要向权威观点发出挑战，证明中国存在第四纪冰川。

然而，就像是一拳打在棉花上，论文发出后无人问津，不仅没有预期的争论，甚至连质疑的声音都没有。"我们现在用的教科书上的观点就是外国专家的观点，别人怎么可能置此结论于不顾，跟你探讨中国是否存在第四纪冰川的问题？"同事丁文江的话切中肯綮。

遗憾的是，当时发现的冰川遗迹太少，无法形成系统的证据。此后多年，李四光虽然没有再发表与冰川相关的论文，但他从没有停止相关的研究工作。他多次到长江流域实地考察，寻找更多的冰川遗迹。

有一次，他和学生在鄱阳湖畔发现一处峭壁上有一大块冰川遗迹，他执意要爬上去考察。攀至高处时岩石崩裂，他重重地摔了下来，短暂休息后他再度爬上峭壁考察。学生不理解他为何要冒险，他解释说："这里地处湖边，易受洪水侵蚀，一旦消失便再难考证，必须抓紧时间做好考察。"

　　攀危岩、钻深洞、顶烈日、冒严寒……经过十多年坚持不懈的野外调查，李四光掌握了系统性的证据，相继发表了《黄山第四纪冰川流行的确据》《冰期之庐山》等重要论文。

　　这些论文引发了国际学界的高度关注。"这是一个翻天覆地的发现。"德国冰川学家费斯曼说。"这是确切无疑的冰川擦痕，不可多得。"苏联科学院院士、地质学家纳里夫金说。

　　当铁一般的证据摆在面前时，国际地质学界不得不接受李四光的观点。

　　1937 年，抗日战争全面爆发了。此时李四光正担任中央研究院地质研究所所长，为使积累的科研资料和所里的人才免受战乱的荼毒，李四光决定紧急撤往庐山。次年，他们又辗转迁至桂林。由于时间仓促和受运输条件限制，他们被迫放弃了很多实验器材和资料。

　　到桂林需坐船溯江而上，有时需要船夫拉纤前进。时值初冬，天气寒冷，李四光不忍船夫辛苦，竟亲自拖着瘦弱的身体下船和船夫一起拉纤。

　　在桂林期间，尽管条件艰苦，李四光还是带领团队竭尽所能，利用专业知识帮助广西勘探到多处煤田，为当地的民用、工业用煤作出了巨大贡献。后来，随着日军不断向中西部进犯，研究所被迫再次搬迁，他们辗转经过贵州，最后搬到重庆。无论多么艰难，李四光都妥善保护那些被他视作珍宝的仪器、标本和资料。

　　在抗战的艰苦岁月里，李四光的地质力学理论日臻成熟，他的理论不仅广泛应用在矿藏的勘探与开发，而且在地震监测、预报和其他地质灾害的研究上有巨大应用潜力。

　　1948年，李四光前往英国参加第十八届国际地质大会。当时国内形势风云变幻，李四光遂暂留英国做地质考察。1949年他收到郭沫若来信，得知自己已被推选为中国人民政治协商会议自然科学界代表，他立即动身，辗转欧洲多地，躲过国民党反动派的追捕，成功回到祖国。就在他归国途中，中国科学院成立了，他被任命为中国科学院副院长。花甲之年，李四光终于盼来了实现"科学救国"梦想的和平环境。

　　襁褓中的新中国亟须改变一穷二白的落后面貌。发展经济，资源要先行，比如被认为是"工业血液"的石油。当时，国外专家断言中国绝不会有大量的石油。国内很多专家学者也被"中国贫油论"吓倒了。

　　但李四光从不迷信权威，他立足于自己的研究，一锤定音："中国不仅有石油，而且储量丰富。"他的论断极大鼓舞了地质和石油战线的工作者。根据他的指导，我国相继发现了大庆油田等重要油田，为我国的快速发展提供了物资保障。

　　1964 年 10 月 16 日，我国第一颗原子弹爆炸成功，再也不用惧怕其他国家的核威慑。在这项系统工程中，李四光领导的团队为铀矿勘探作出重要贡献。

　　其实早在 1920 年，李四光就在其论文中提出将原子裂变作为天然能源之一的观点。1949 年归国时，他预见性地带回了一台辐射探测仪，这为我国后来发现铀矿发挥了重要作用。1955 年 1 月 15 日，李四光、钱三强等科学家到中南海丰泽园参加会议。面对毛主席关于中国是否有铀矿的问题，李四光斩钉截铁地答道："中国有铀！"

　　李四光的回答坚定了国家要发展原子能的决心。这一天，也被定为中国核工业创建日。此后，李四光在中国核事业中持续发挥关键作用。

　　他根据地质力学理论，指导地质勘探人员重点关注我国几个重要的东西构造带，比如秦岭东西构造带、南岭东西构造带……后来，我国发现了一系列铀矿床，为我国核工业和国防事业的发展提供了保障。特别是我国南岭带的铀矿床，以规模大、品位高、易开采著称，有力佐证了他的理论。

在繁忙的科研工作之余，李四光格外注重家风建设。"家风传承不仅仅包括对子女的教育，还包括科学态度和科学精神的接力。"他的女儿李林继承了"蔚为国用"的精神，根据国家需要三次更改科研方向：从钢铁事业到原子能事业，再到超导材料研究。他的家庭相继产生了三位中国科学院院士：李四光是地质学院士，女儿李林是物理学院士，女婿邹承鲁是生物化学院士。他们在各自的研究领域均取得了令人瞩目的成绩，"一门三院士"被传为佳话。

  1971 年 4 月 29 日，李四光带着事业未竟的遗憾和科技强国的梦想，永远离开了我们。

  半个多世纪过去了，李四光坚贞不渝的爱国情怀、大胆求索的科学品格、克己求实的奉献精神，始终激励着一代又一代的科技工作者集智攻关、造福人民。2009 年，李四光入选"100 位新中国成立以来感动中国人物"，评委会在给他的颁奖词中写道：他是新中国地质事业群星中最为闪亮的一颗。如他的名字一般，他的精神将永远光被四表。

延伸阅读

经史子集：泛指我国古代典籍。古人将书籍按内容区分的四大部类。经：经书，指儒家经典著作；史：史书，即正史；子：诸子百家的著作；集：包括诗、文、词、赋等总集、专集。一些大型的古籍丛书往往囊括四部，并以此命名，如《四库全书》《四部丛刊》《四部备要》等，可见四部分类对古代图书分类的重要意义。

光被四表：形容盛德善行远播四方。出自《尚书·尧典》。光被：遍及。四表：指四方极远之地，亦泛指天下。

构造带：指受到各种构造作用影响的地壳综合体。这些区域可能包括山脉、地震带、断层线及板块边界等，是地球表面岩石圈板块相互作用的直接结果。

地质力学

地质力学是运用力学原理研究地壳构造和地壳运动规律及其起因的学科，反映地壳运动的一切现象都是它考察研究的对象，包括构造体系的规律、海洋运动的遗迹、岩浆活动的现象、变质岩带的发生和矿产的形成等。在中国，地质力学已应用于探索矿床和矿田的分布规律，预测隐伏矿产；推断石油和煤等能源矿产的远景和有利地段；解决变形巷道的施工设计问题和分析工程建筑地区的地基稳定性；探索地震预报的途径与方法；研究地下水（包括地下热水）贮集和运动的地质构造条件；等等。

第四纪冰川

冰川是一部天然的"史书"。研究冰川不仅有助于破解全球气候变化的奥秘，也有助于加深人类对水资源、地貌形态和生态系统的认识与理解。特别是第四纪冰川，因其直接作用于人类的生存环境，故研究和确认第四纪冰川具有特殊的理论意义和普遍的现实意义。

中国第四纪冰川研究始于李四光。尽管他的理论至今仍存在争议，但自其之后，科学家在我国境内发现了更多的冰川遗迹，确立了冰川分期，并与全球其他地区的冰期相对应，反映了全球气候变化的历史。

䗴

䗴（tíng）又名纺锤虫，无脊椎动物原生动物门肉足虫纲有孔虫亚纲的一目。因其外形多为纺锤状，李四光1934年发表《中国北部之䗴科》时创造了该字。钙质壳，全部海生，一般3～6毫米，最小的不足1毫米，最大的可达60毫米。主要栖居在海底，少数营漂浮生活，分布广泛。生存于石炭纪早期至二叠纪末，早二叠世达到全盛，是石炭系–二叠系划分对比地层的重要标准化石之一。中国的䗴类化石非常丰富，遍布全国。

别看它们个头小，䗴类却很重要。䗴类的外壳具有复杂的多层结构，能吸引单细胞藻类或其他可进行光合作用的微生物共生，并通过光合作用为自己供能，这种"绝技"让它们"家族繁盛"，遍布海洋，成为海洋食物金字塔的地基。当它们在二叠纪末大灭绝中消失后，食物金字塔上层的动物也走向了灭亡，直到300万～500万年后地球才恢复之前的生机。这也提醒我们，爱护每一种微不足道的生物，也是爱护人类本身。

李四光地质科学奖

1989年，为纪念我国著名科学家、卓越地质学家、教育家、社会活动家、伟大的爱国主义者李四光先生诞辰100周年，由原地质矿产部、全国政协（中国人民政治协商会议全国委员会）、中国科学院、中国科学技术协会等共同发起，经中共中央宣传部批准，设立"李四光地质科学奖"。

李四光地质科学奖旨在继承发扬李四光"热爱祖国、追求真理、开拓创新、无私奉献"，积极从事野外、科研和教育实践，勇攀科学高峰的精神，激励广大地质科技工作者为社会主义现代化建设和科技进步多作贡献。李四光地质科学奖是面向全国地质科技工作者的最高层次的地质科学奖，一人只能获得一次，并作为终身荣誉。

李四光地质科学奖每两年评选一次（逢单数年），自设立以来，已评选了十八次。李四光地质科学奖共分四个奖项：李四光地质科学奖野外奖、李四光地质科学奖科研奖、李四光地质科学奖教师奖、李四光地质科学奖荣誉奖。

李四光与武汉大学珞珈山校区

20世纪30年代，李四光主持兴建武汉大学珞珈山校区。李四光认为，大学校园应当"有山有水，动静相宜，方能启迪学生之灵性"。经过实地考察，正式确定武昌东湖珞珈山一带为武汉大学的新校址。

李四光请美国工程师开尔斯主持设计，又请湖南大学土木工程系缪恩钊教授进行监造。在李四光的努力下，历经四年艰苦建设，武汉大学珞珈山校区终于建好了。然而，兴建的过程并非一帆风顺，途中遇到了建校申请、修路迁坟、缺少经费等难题，经过李四光多方筹措、奔走，问题才得以解决。

1932年5月26日，武汉大学隆重地举行了新校舍落成典礼。李四光作为教育部的代表出席典礼，并为武汉大学师生进行了学术讲座。演讲结束后，毕业纪念刊的编辑希望他为纪念刊题词，他拿起笔写下了两行大字："用创造的精神和科学的方法求人生的出路"。从此以后，他的"创造的精神和科学的方法"一直激励着武汉大学的师生不断地博学慎思而笃行。

李四光留下的庄重典雅、造型瑰丽的校舍建筑群，让武汉大学赢得了"最美丽的大学校园"之美誉，其展现出来的精神风貌亦鼓舞、引导着一代又一代的武大人不断开拓进取。